MAR 1 7 2021

¿A QUÉ SE DEDICAN?

¿CÓMO ES EL DÍA DE LOS GRANJEROS?

Emily Mahoney

Gareth Stevens PUBLISHING

TRADUCIDO POR NATZI VILCHIS

Please visit our website, www.garethstevens.com. For a free color catalog of all our high-quality books, call toll free 1-800-542-2595 or fax 1-877-542-2596.

Library of Congress Cataloging-in-Publication Data

Names: Mahoney, Emily Jankowski, author.
Title: ¿Cómo es el día de los granjeros? / Emily Mahoney.
Description: New York : Gareth Stevens Publishing, [2021] | Series: ¿A qué se dedican? | Includes index. | Contents: An important job – Caring for
  livestock – Farming crops – Farmer's market – Feeding the world.
Identifiers: LCCN 2019054813 | ISBN 9781538261217 (library binding) | ISBN
  9781538261194 (paperback) | ISBN 9781538261200 (6 Pack) | ISBN 9781538261224 (ebook)
Subjects: LCSH: Farmers–Juvenile literature. | Agriculture–Juvenile literature.
Classification: LCC HD8039.F3 .M34 2020 | DDC 630.23–dc23
LC record available at https://lccn.loc.gov/2019054813

Published in 2021 by
Gareth Stevens Publishing
111 East 14th Street, Suite 349
New York, NY 10003

Copyright © 2021 Gareth Stevens Publishing

Translator: Natzi Vilchis
Editor, Spanish: Rossana Zúñiga
Designer: Laura Bowen

Photo credits: Series art Dima Polies/Shutterstock.com; cover, p. 1 Monkey Business Images/Shutterstock.com; p. 5 Gallo Images-Stuart Fox/The Images Bank/Getty Images Plus/Getty Images; p. 7 Iakov Filimonov/Shutterstock.com; p. 9 Junko Takahashi/a.collectionRF/Getty Images; p. 11 JackF/iStock/Getty Images Plus/Getty Images; p. 13 Loop Images/Contributor/Universal Images Group Editorial/Getty Images; p. 15 Rick Dalton/Passage/Getty Images Plus/Getty Images; p. 17 Siegfried Layda/Photographer's Choice/Getty Images Plus/Getty Images; p. 19 VW Pics/Contributor/Universal Images Group Editorial/Getty Images; p. 21 RgStudio/E+/Getty Images.

All rights reserved. No part of this book may be reproduced in any form without permission in writing from the publisher, except by a reviewer.

Printed in the United States of America

Some of the images in this book illustrate individuals who are models. The depictions do not imply actual situations or events.

CPSIA compliance information: Batch #CS20GS: For further information contact Gareth Stevens, New York, New York, at 1-800-542-2595.

CONTENIDO

Un trabajo importante............... 4

Cuidar el ganado 6

Cultivos agrícolas.................. 12

Hacer dinero 18

Alimentan al mundo 20

Glosario........................ 22

Para más información 23

Índice.......................... 24

Las palabras del glosario se muestran en **negrita**
la primera vez que aparecen en el texto.

Un trabajo importante

Tal vez no lo hayas pensado, pero ¡podrías agradecerle a un granjero por la mayoría de los alimentos que comes! Desde la carne para tu hamburguesa hasta los palitos de zanahoria en tu almuerzo, los granjeros tienen la importante labor de alimentar a muchas personas. Sigue leyendo para averiguar cómo es su día.

Cuidar el ganado

Algunos granjeros, o agricultores, crían **ganado**, mientras que otros se dedican a los **cultivos**. ¡Algunos realizan ambas labores! Si un granjero tiene animales, su primer trabajo del día será alimentar a los animales y darles agua. Los agricultores pueden ordeñar vacas o cabras, o recoger huevos de gallina.

Cuidar de los animales es mucho trabajo. Necesitan un lugar limpio para dormir, por lo que los granjeros pueden pasar algún tiempo ordenando o limpiando el **establo**. Tienen que arreglar el granero donde viven los animales. Los granjeros también deberán ordenar alimentos para los animales ¡incluso hasta bañarlos!

Los granjeros deben asegurarse de que su ganado se mantenga saludable. Deben verificar que reciban todas las **vacunas** respectivas. Los granjeros los llevan al veterinario, o médico de animales, si están enfermos. Después de todo ¡los granjeros quieren que sus animales produzcan buena leche, huevos y lana para vender!

Cultivos agrícolas

Un granjero responsable de los cultivos debe asegurarse de que estos se rieguen adecuadamente. Tienen que estar seguros de que no haya maleza en sus campos. También necesitan **fertilizar** los campos para ayudar a que sus cultivos crezcan. Dependiendo de la época del año, también deberán plantar semillas.

Los granjeros utilizan muchas máquinas que les ayudan a hacer su trabajo, como tractores, empacadoras, sembradoras y arados, todos necesarios para **cosechar** cultivos. Cuando el agricultor ha terminado con su trabajo matutino, puede ocuparse de reparar estas máquinas o darles **mantenimiento** para asegurarse de que funcionan correctamente.

Un granjero también debe cosechar los cultivos una vez que están listos. Esto se puede hacer a mano o con máquinas. Una vez cosechados, deben limpiarse y envasarse antes de salir de la granja. Luego, se cargan en camiones que los llevan a donde se venderán.

Hacer dinero

Las granjas son negocios. Los granjeros llevan la cuenta del dinero que han hecho. También encuentran nuevas formas de ganar dinero. Algunos granjeros pueden optar por vender su leche, huevos o cultivos en un **mercado de agricultores**. ¡Otros granjeros pueden venderlos en una tienda cercana!

Alimentan al mundo

El trabajo de un granjero no sólo es laborioso, sino también ¡muy importante! Sin ellos, no tendríamos frutas y verduras frescas, ni animales sanos para obtener su carne y otros productos animales. Así que, la próxima vez que muerdas una manzana crujiente, ¡no olvides que un granjero ayudó para que esta llegara a tu boca!

GLOSARIO

cosechar: recoger los cultivos del campo.

cultivos: alimentos que se cultivan para ser vendidos.

establo: área donde se ubica a los animales para que coman o descansen.

fertilizar: añadir productos químicos al suelo para ayudar a que las plantas crezcan.

ganado: animales de granja, como vacas, ovejas o cerdos.

mantenimiento: cuidar de algo haciendo reparaciones y cambios cuando sea necesario.

mercado de agricultores: lugar donde los bienes, como los cultivos, la leche y los huevos, se venden directamente por los agricultores a las personas que viven cerca.

vacunar: darle a una persona o animal un medicamento para evitar que contraigan una enfermedad.

PARA MÁS INFORMACIÓN

LIBROS

Brisson, Pat. *Before We Eat: From Farm to Table*. Thomaston, ME: Tilbury House Publishers, 2018.

Paul, Baptiste, and Miranda Paul. *I Am Farmer: Growing an Environmental Movement in Cameroon.* Minneapolis, MN: Millbrook Press, 2019.

SITIOS DE INTERNET

Farm Facts & Worksheets
kidskonnect.com/science/farms/
Este sitio de Internet tiene información y actividades divertidas sobre la agricultura.

Farming Facts for Kids
kids.kiddle.co/Farming
Encuentra información interesante sobre la agricultura en un formato apto para niños.

Nota del editor a los educadores y padres: nuestro personal especializado ha revisado cuidadosamente estos sitios de Internet para asegurarse de que son apropiados para los estudiantes. Sin embargo, muchos de ellos cambian con frecuencia, por lo que no podemos garantizar que contenidos que se suban a esas páginas posteriormente cumplan con nuestros estándares de calidad y valor educativo. Les recomendamos que hagan un seguimiento a los estudiantes cuando accedan a Internet.

ÍNDICE

alimentar animales, 6, 8

arados, 14

cosechar, 14, 16, 22

cultivos, 6, 12, 14, 16, 18, 22

empacadoras, 14

establos/graneros, 8, 22

fertilizar los campos, 12

ganado/animales, 6, 8, 10, 20, 22

huevos, 6, 10, 18

lana, 10

leche/ordeñar, 6, 10, 18

máquinas, 14, 16

mercado de agricultores, 18, 22

plantar semillas, 12

sembradoras, 14

tractores, 14